Nom de l'Ecurie:

_____

Nom Propriétaire:

_____

Index

39

40.

41.

42.

43.

44.

45.

46.

47.

48.

49.

50.

51.

52.

53.

54.

55.

56.

57.

58.

59.

60.

61.

62

63.

64.

65.

66.

67.

68.

69.

70.

71.

72.

73.

74.

75.

76.

77.

78.

79.

80.

81.

82.

83.

84.

85.

86.

87.

88.

89.

90.

91.

92.

93.

94.

95.

96.

97.

98.

99.

100.

101.

102.

103.

104.

105.

106.

107.

108.

Nom: _____

Jument / Etalon / Hongre	Date:
Race:	Couleur:
N° de série:	Année:
Marque:	Age:

Membre de Famille (+page):

Personnalité/autres remarques:

Nom: _____

Jument / Etalon / Hongre	Date:
Race:	Couleur:
N° de série:	Année:
Marque:	Age:

Membre de Famille (+page): _____

Personnalité/autres remarques: _____

_____

_____

_____

_____

_____

Nom: _____

Jument / Etalon / Hongre	Date:
Race:	Couleur:
N° de série:	Année:
Marque:	Age:

Membre de Famille (+page): _____

_____

Personnalité/autres remarques: _____

_____

_____

_____

_____

_____

Nom: _____

Jument / Etalon / Hongre	*Date:*
Race:	*Couleur:*
N° de série:	*Année:*
Marque:	*Age:*

Membre de Famille (+page): _____

Personnalité/autres remarques: _____

_____

_____

_____

_____

Nom: _____

Jument / Etalon / Hongre	Date:
Race:	Couleur:
N° de série:	Année:
Marque:	Age:

Membre de Famille (+page):

Personnalité/autres remarques:

Nom: _____

Jument / Etalon / Hongre	Date:
Race:	Couleur:
N° de série:	Année:
Marque:	Age:

Membre de Famille (+page): _____

Personnalité/autres remarques: _____

_____

_____

_____

_____

Nom: _____

Jument / Etalon / Hongre	Date:
Race:	Couleur:
N° de série:	Année:
Marque:	Age:

Membre de Famille (+page): _____

_____

Personnalité/autres remarques: _____

_____

_____

_____

_____

_____

Nom: _____

Jument / Etalon / Hongre	Date:
Race:	Couleur:
N° de série:	Année:
Marque:	Age:

Membre de Famille (+page): _____

Personnalité/autres remarques: _____

Nom: _____

Jument / Etalon / Hongre | Date:

Race: | Couleur:

N° de série: | Année:

Marque: | Age:

Membre de Famille (+page):

Personnalité/autres remarques:

Nom: _____

Jument / Etalon / Hongre	Date:
Race:	Couleur:
N° de série:	Année:
Marque:	Age:

Membre de Famille (+page): _____

Personnalité/autres remarques: _____

Nom: _____

Jument / Etalon / Hongre | Date:

Race: | Couleur:

N° de série: | Année:

Marque: | Age:

Membre de Famille (+page):

Personnalité/autres remarques:

Nom: _____

Jument / Etalon / Hongre	Date:
Race:	Couleur:
N° de série:	Année:
Marque:	Age:

Membre de Famille (+page): _____

Personnalité/autres remarques: _____

_____

_____

_____

_____

Nom: _____

Jument / Etalon / Hongre	Date:
Race:	Couleur:
N° de série:	Année:
Marque:	Age:

Membre de Famille (+page): _____

_____

Personnalité/autres remarques: _____

_____

_____

_____

_____

_____

Nom: _____

Jument / Étalon / Hongre	Date:
Race:	Couleur:
N° de série:	Année:
Marque:	Age:

Membre de Famille (+page): _____

Personnalité/autres remarques: _____

_____

_____

_____

_____

_____

Nom: _____

Jument / Etalon / Hongre	Date:
Race:	Couleur:
N° de série:	Année:
Marque:	Age:

Membre de Famille (+page): _____

Personnalité/autres remarques: _____

Nom: _____

Jument / Etalon / Hongre	Date:
Race:	Couleur:
N° de série:	Année:
Marque:	Age:

Membre de Famille (+page): _____

Personnalité/autres remarques: _____

_____

_____

_____

_____

Nom: _____

Jument / Etalon / Hongre	Date:
Race:	Couleur:
N° de série:	Année:
Marque:	Age:

Membre de Famille (+page):

Personnalité/autres remarques:

Nom: _____

Jument / Etalon / Hongre	Date:
Race:	Couleur:
N° de série:	Année:
Marque:	Age:

Membre de Famille (+page): _____

Personnalité/autres remarques: _____

Nom: _____

Jument / Etalon / Hongre	Date:
Race:	Couleur:
N° de série:	Année:
Marque:	Age:

Membre de Famille (+page):

Personnalité/autres remarques:

Nom: _____

Jument / Etalon / Hongre	Date:
Race:	Couleur:
N° de série:	Année:
Marque:	Age:

Membre de Famille (+page): _____

Personnalité/autres remarques: _____

Nom: _____

Jument / Etalon / Hongre	Date:
Race:	Couleur:
N° de série:	Année:
Marque:	Age:

Membre de Famille (+page): _____

Personnalité/autres remarques: _____

_____

_____

_____

_____

Nom: _____

Jument / Etalon / Hongre	Date:
Race:	Couleur:
N° de série:	Année:
Marque:	Age:

Membre de Famille (+page): _____

Personnalité/autres remarques: _____

Nom: _____

Jument / Etalon / Hongre	Date:
Race:	Couleur:
N° de série:	Année:
Marque:	Age:

Membre de Famille (+page): _____

Personnalité/autres remarques: _____

_____

_____

_____

_____

Nom: _____

Jument / Etalon / Hongre	*Date:*
Race:	*Couleur:*
N° de série:	*Année:*
Marque:	*Age:*

Membre de Famille (+page): _____

Personnalité/autres remarques: _____

_____

_____

_____

_____

Nom: _____

Jument / Etalon / Hongre	Date:
Race:	Couleur:
N° de série:	Année:
Marque:	Age:

Membre de Famille (+page):

Personnalité/autres remarques:

Nom: _____

Jument / Étalon / Hongre	*Date:*
Race:	*Couleur:*
N° de série:	*Année:*
Marque:	*Âge:*

Membre de Famille (+page): _____

Personnalité/autres remarques: _____

Nom: _____

Jument / Etalon / Hongre	Date:
Race:	Couleur:
N° de série:	Année:
Marque:	Age:

Membre de Famille (+page):

Personnalité/autres remarques:

Nom: _____

Jument / Etalon / Hongre	Date:
Race:	Couleur:
N° de série:	Année:
Marque:	Age:

Membre de Famille (+page): _____

Personnalité/autres remarques: _____

_____

_____

_____

_____

Nom: _____

Jument / Etalon / Hongre	Date:
Race:	Couleur:
N° de série:	Année:
Marque:	Age:

Membre de Famille (+page):

Personnalité/autres remarques:

Nom: _____

Jument / Etalon / Hongre	Date:
Race:	Couleur:
N° de série:	Année:
Marque:	Age:

Membre de Famille (+page): _____

Personnalité/autres remarques: _____

Nom: _____

Jument / Etalon / Hongre	Date:
Race:	Couleur:
N° de série:	Année:
Marque:	Age:

Membre de Famille (+page): _____

Personnalité/autres remarques: _____

Nom: _____

Jument / Étalon / Hongre	Date:
Race:	Couleur:
N° de série:	Année:
Marque:	Age:

Membre de Famille (+page): _____

Personnalité/autres remarques: _____

Nom: _____

Jument / Etalon / Hongre | Date:

Race: | Couleur:

N° de série: | Année:

Marque: | Age:

Membre de Famille (+page):

Personnalité/autres remarques:

Nom: _____

Jument / Etalon / Hongre	Date:
Race:	Couleur:
N° de série:	Année:
Marque:	Age:

Membre de Famille (+page): _____

Personnalité/autres remarques: _____

Nom: _____

Jument / Etalon / Hongre	Date:
Race:	Couleur:
N° de série:	Année:
Marque:	Age:

Membre de Famille (+page):

Personnalité/autres remarques:

Nom: _____

Jument / Etalon / Hongre	Date:
Race:	Couleur:
N° de série:	Année:
Marque:	Age:

Membre de Famille (+page): _____

Personnalité/autres remarques: _____

Nom: _____

Jument / Etalon / Hongre	Date:
Race:	Couleur:
N° de série:	Année:
Marque:	Age:

Membre de Famille (+page):

Personnalité/autres remarques:

Nom: _____

Jument / Etalon / Hongre	Date:
Race:	Couleur:
N° de série:	Année:
Marque:	Age:

Membre de Famille (+page): _____

Personnalité/autres remarques: _____

Nom: _____

Jument / Etalon / Hongre	Date:
Race:	Couleur:
N° de série:	Année:
Marque:	Age:

Membre de Famille (+page):

Personnalité/autres remarques:

Nom: _____

Jument / Etalon / Hongre	Date:
Race:	Couleur:
N° de série:	Année:
Marque:	Age:

Membre de Famille (+page): _____

Personnalité/autres remarques: _____

_____

_____

_____

_____

Nom: _____

Jument / Etalon / Hongre	Date:
Race:	Couleur:
N° de série:	Année:
Marque:	Age:

Membre de Famille (+page):

Personnalité/autres remarques:

Nom:

Jument / Etalon / Hongre	Date:
Race:	Couleur:
N° de série:	Année:
Marque:	Age:

Membre de Famille (+page):

Personnalité/autres remarques:

Nom: _____

Jument / Etalon / Hongre	Date:
Race:	Couleur:
N° de série:	Année:
Marque:	Age:

Membre de Famille (+page):

_____

Personnalité/autres remarques:

_____

_____

_____

_____

_____

Nom: _____

Jument / Étalon / Hongre	Date:
Race:	Couleur:
N° de série:	Année:
Marque:	Age:

Membre de Famille (+page): _____

Personnalité/autres remarques: _____

Nom: _____

Jument / Etalon / Hongre	Date:
Race:	Couleur:
N° de série:	Année:
Marque:	Age:

Membre de Famille (+page): _____

Personnalité/autres remarques: _____

_____

_____

_____

_____

Nom: _____

Jument / Etalon / Hongre	Date:
Race:	Couleur:
N° de série:	Année:
Marque:	Age:

Membre de Famille (+page): _____

Personnalité/autres remarques: _____

_____

_____

_____

_____

Nom: _____

Jument / Étalon / Hongre	Date:
Race:	Couleur:
N° de série:	Année:
Marque:	Age:

Membre de Famille (+page):

Personnalité/autres remarques:

Nom: _____

Jument / Étalon / Hongre	Date:
Race:	Couleur:
N° de série:	Année:
Marque:	Âge:

Membre de Famille (+page): _____

Personnalité/autres remarques: _____

Nom: _____

Jument / Etalon / Hongre	Date:
Race:	Couleur:
N° de série:	Année:
Marque:	Age:

Membre de Famille (+page):

Personnalité/autres remarques:

Nom: _____

Jument / Étalon / Hongre	Date:
Race:	Couleur:
N° de série:	Année:
Marque:	Age:

Membre de Famille (+page): _____

Personnalité/autres remarques: _____

_____

_____

_____

_____

Nom: _____

Jument / Etalon / Hongre	Date:
Race:	Couleur:
N° de série:	Année:
Marque:	Age:

Membre de Famille (+page):

Personnalité/autres remarques:

Nom: _____

Jument / Etalon / Hongre	Date:
Race:	Couleur:
N° de série:	Année:
Marque:	Age:

Membre de Famille (+page): _____

Personnalité/autres remarques: _____

_____

_____

_____

_____

Nom: _____

Jument / Etalon / Hongre	Date:
Race:	Couleur:
N° de série:	Année:
Marque:	Age:

Membre de Famille (+page):

Personnalité/autres remarques:

Nom: _____

Jument / Etalon / Hongre	Date:
Race:	Couleur:
N° de série:	Année:
Marque:	Age:

Membre de Famille (+page): _____

Personnalité/autres remarques: _____

Nom: _____

Jument / Etalon / Hongre	Date:
Race:	Couleur:
N° de série:	Année:
Marque:	Age:

Membre de Famille (+page):

Personnalité/autres remarques:

Nom: _____

Jument / Etalon / Hongre	Date:
Race:	Couleur:
N° de série:	Année:
Marque:	Age:

Membre de Famille (+page): _____

Personnalité/autres remarques: _____

Nom: _____

Jument / Etalon / Hongre	Date:
Race:	Couleur:
N° de série:	Année:
Marque:	Age:

Membre de Famille (+page):
_____

Personnalité/autres remarques:
_____
_____
_____
_____
_____

Nom:

Jument / Etalon / Hongre	Date:
Race:	Couleur:
N° de série:	Année:
Marque:	Age:

Membre de Famille (+page):

Personnalité/autres remarques:

Nom: _____

Jument / Etalon / Hongre	Date:
Race:	Couleur:
N° de série:	Année:
Marque:	Age:

Membre de Famille (+page): _____

Personnalité/autres remarques: _____

Nom: _____

Jument / Etalon / Hongre	Date:
Race:	Couleur:
N° de série:	Année:
Marque:	Age:

Membre de Famille (+page): _____

Personnalité/autres remarques: _____

Nom: _____

Jument / Etalon / Hongre	Date:
Race:	Couleur:
N° de série:	Année:
Marque:	Age:

Membre de Famille (+page):

Personnalité/autres remarques:

Nom: _____

Jument / Etalon / Hongre	Date:
Race:	Couleur:
N° de série:	Année:
Marque:	Age:

Membre de Famille (+page): _____

Personnalité/autres remarques: _____

Nom: _____

Jument / Etalon / Hongre	Date:
Race:	Couleur:
N° de série:	Année:
Marque:	Age:

Membre de Famille (+page):

Personnalité/autres remarques:

Nom: _____

Jument / Etalon / Hongre	Date:
Race:	Couleur:
N° de série:	Année:
Marque:	Age:

Membre de Famille (+page): _____

Personnalité/autres remarques: _____

_____

_____

_____

_____

_____

Nom: _____

Jument / Etalon / Hongre	Date:
Race:	Couleur:
N° de série:	Année:
Marque:	Age:

Membre de Famille (+page): _____

Personnalité/autres remarques: _____

Nom: _____

Jument / Etalon / Hongre	Date:
Race:	Couleur:
N° de série:	Année:
Marque:	Age:

Membre de Famille (+page): _____

Personnalité/autres remarques: _____

_____

_____

_____

_____

Nom: _____

Jument / Etalon / Hongre	Date:
Race:	Couleur:
N° de série:	Année:
Marque:	Age:

Membre de Famille (+page): _____

Personnalité/autres remarques: _____

_____

_____

_____

_____

Nom: _____

Jument / Étalon / Hongre | Date:

Race: | Couleur:

N° de série: | Année:

Marque: | Age:

Membre de Famille (+page):

Personnalité/autres remarques:

Nom: _____

Jument / Etalon / Hongre	Date:
Race:	Couleur:
N° de série:	Année:
Marque:	Age:

Membre de Famille (+page):

Personnalité/autres remarques:

Nom:

Jument / Etalon / Hongre	Date:
Race:	Couleur:
N° de série:	Année:
Marque:	Age:

Membre de Famille (+page):

Personnalité/autres remarques:

Nom: _____

Jument / Etalon / Hongre	Date:
Race:	Couleur:
N° de série:	Année:
Marque:	Age:

Membre de Famille (+page):

Personnalité/autres remarques:

Nom: _____

Jument / Etalon / Hongre	Date:
Race:	Couleur:
N° de série:	Année:
Marque:	Age:

Membre de Famille (+page): _____

Personnalité/autres remarques: _____

Nom: _____

Jument / Etalon / Hongre	Date:
Race:	Couleur:
N° de série:	Année:
Marque:	Âge:

Membre de Famille (+page):

Personnalité/autres remarques:

Nom: _____

Jument / Etalon / Hongre	Date:
Race:	Couleur:
N° de série:	Année:
Marque:	Age:

Membre de Famille (+page): _____

_____

Personnalité/autres remarques: _____

_____

_____

_____

_____

_____

Nom: _____

Jument / Etalon / Hongre	Date:
Race:	Couleur:
N° de série:	Année:
Marque:	Age:

Membre de Famille (+page):

Personnalité/autres remarques:

Nom: _____

Jument / Etalon / Hongre	Date:
Race:	Couleur:
N° de série:	Année:
Marque:	Age:

Membre de Famille (+page): _____

Personnalité/autres remarques: _____

_____

_____

_____

_____

Nom: _____

Jument / Etalon / Hongre	Date:
Race:	Couleur:
N° de série:	Année:
Marque:	Age:

Membre de Famille (+page): _____

Personnalité/autres remarques: _____

Nom:

Jument / Etalon / Hongre	Date:
Race:	Couleur:
N° de série:	Année:
Marque:	Age:

Membre de Famille (+page):

Personnalité/autres remarques:

Nom: _____

Jument / Etalon / Hongre	Date:
Race:	Couleur:
N° de série:	Année:
Marque:	Age:

Membre de Famille (+page): _____

Personnalité/autres remarques: _____

Nom:

Jument / Etalon / Hongre	Date:
Race:	Couleur:
N° de série:	Année:
Marque:	Age:

Membre de Famille (+page):

Personnalité/autres remarques:

Nom: _____

Jument / Etalon / Hongre	Date:
Race:	Couleur:
N° de série:	Année:
Marque:	Age:

Membre de Famille (+page):

Personnalité/autres remarques:

Nom: _____

Jument / Etalon / Hongre	Date:
Race:	Couleur:
N° de série:	Année:
Marque:	Age:

Membre de Famille (+page):

Personnalité/autres remarques:

Nom: _____

Jument / Etalon / Hongre	Date:
Race:	Couleur:
N° de série:	Année:
Marque:	Age:

Membre de Famille (+page):

Personnalité/autres remarques:

Nom: _____

Jument / Étalon / Hongre	Date:
Race:	Couleur:
N° de série:	Année:
Marque:	Âge:

Membre de Famille (+page): _____

Personnalité/autres remarques: _____

_____

_____

_____

_____

Nom: _____

Jument / Etalon / Hongre	Date:
Race:	Couleur:
N° de série:	Année:
Marque:	Age:

Membre de Famille (+page):
_____

Personnalité/autres remarques:
_____
_____
_____
_____

Nom: _____

Jument / Etalon / Hongre	*Date:*
Race:	*Couleur:*
N° de série:	*Année:*
Marque:	*Age:*

Membre de Famille (+page):

Personnalité/autres remarques:

Nom: _____

Jument / Etalon / Hongre	Date:
Race:	Couleur:
N° de série:	Année:
Marque:	Age:

Membre de Famille (+page):

Personnalité/autres remarques:

Nom: _____

Jument / Etalon / Hongre	Date:
Race:	Couleur:
N° de série:	Année:
Marque:	Age:

Membre de Famille (+page):

Personnalité/autres remarques:

Nom: _____

Jument / Etalon / Hongre | Date:
Race: | Couleur:
N° de série: | Année:
Marque: | Age:

Membre de Famille (+page):
_____

Personnalité/autres remarques:
_____
_____
_____
_____
_____

Nom: _____

Jument / Etalon / Hongre	Date:
Race:	Couleur:
N° de série:	Année:
Marque:	Age:

Membre de Famille (+page): _____

Personnalité/autres remarques: _____

Nom: _____

Jument / Etalon / Hongre	Date:
Race:	Couleur:
N° de série:	Année:
Marque:	Age:

Membre de Famille (+page):

Personnalité/autres remarques:

Nom: _____

Jument / Étalon / Hongre	Date:
Race:	Couleur:
N° de série:	Année:
Marque:	Âge:

Membre de Famille (+page): _____

Personnalité/autres remarques: _____

_____

_____

_____

_____

Nom: _____

Jument / Etalon / Hongre	Date:
Race:	Couleur:
N° de série:	Année:
Marque:	Age:

Membre de Famille (+page):

Personnalité/autres remarques:

Nom: _____

Jument / Etalon / Hongre	Date:
Race:	Couleur:
N° de série:	Année:
Marque:	Age:

Membre de Famille (+page):

Personnalité/autres remarques:

Nom: _____

Jument / Etalon / Hongre	Date:
Race:	Couleur:
N° de série:	Année:
Marque:	Age:

Membre de Famille (+page): _____

Personnalité/autres remarques: _____

_____

_____

_____

_____

Nom: _____

Jument / Etalon / Hongre	Date:
Race:	Couleur:
N° de série:	Année:
Marque:	Age:

Membre de Famille (+page): _____

Personnalité/autres remarques: _____

_____

_____

_____

_____

Nom: _____

Jument / Etalon / Hongre	Date:
Race:	Couleur:
N° de série:	Année:
Marque:	Age:

Membre de Famille (+page): _____

Personnalité/autres remarques: _____

Nom: _____

Jument / Etalon / Hongre	Date:
Race:	Couleur:
N° de série:	Année:
Marque:	Age:

Membre de Famille (+page):

Personnalité/autres remarques:

Nom: _____

Jument / Étalon / Hongre	Date:
Race:	Couleur:
N° de série:	Année:
Marque:	Age:

Membre de Famille (+page):

Personnalité/autres remarques:

Nom: _____

Jument / Etalon / Hongre	*Date:*
Race:	*Couleur:*
N° de série:	*Année:*
Marque:	*Age:*

Membre de Famille (+page):

Personnalité/autres remarques:

Nom: _____

Jument / Etalon / Hongre	Date:
Race:	Couleur:
N° de série:	Année:
Marque:	Age:

Membre de Famille (+page): _____

Personnalité/autres remarques: _____

Nom: _____

Jument / Etalon / Hongre	Date:
Race:	Couleur:
N° de série:	Année:
Marque:	Age:

Membre de Famille (+page):

Personnalité/autres remarques:

Nom: _____

Jument / Etalon / Hongre	Date:
Race:	Couleur:
N° de série:	Année:
Marque:	Age:

Membre de Famille (+page):

Personnalité/autres remarques:

Liste de Souhaits

1.
2.
3.
4.
5.
6.
7.
8.
9.
10.
11.
12.
13.
14.
15.
16.
17.
18.
19.
20.
21.
22.
23.
24.
25.
26.
27.
28.
29.
30.

www.ingramcontent.com/pod-product-compliance
Lightning Source LLC
Chambersburg PA
CBHW072210280526
45788CB00002B/956